un père noël pas comme les autres

Castor Poche
Collection animée par
François Faucher et Martine Lang

Une production de l'Atelier du Père Castor

JACQUES POUSTIS

un père noël
pas comme les autres

illustrations de
ERIKA HARISPE

Castor Poche Flammarion

Jacques Poustis, l'auteur, est né le 22 avril 1949 dans la banlieue parisienne, de parents bayonnais... Mais il a passé toute son enfance à Arcachon. De cette époque, il ne lui reste que quelques exemplaires défraîchis de *L'Os à moi,* revue mensuelle dont il écrivait seul les quatre pages manuscrites, et dont l'unique exemplaire faisait le tour des copains du collège, des professeurs et des voisins...
En 1970, il obtient le premier diplôme d'État d'éducateur spécialisé, profession qu'il exerce quatre années à Bordeaux, puis à l'île de la Réunion où il s'installe avec sa jeune famille (déjà trois fois papa à vingt-deux ans). N'ayant pas la même conception que l'administration de l'Aide éducative, il démissionne en 1977. Ce sont les débuts de *Botor-Poupon,* troupe de café-théâtre qui fera plusieurs années les beaux soirs, dans l'océan Indien, des amateurs d'humour féroce. Parallèlement, il compose des chansons, d'abord pour enfants, puis pour les plus grands, et enregistre de 1977 à 1985 une dizaine de disques.

En 1981, Jacques Poustis fonde et dirige *La Troupe des Trois Moustiquaires,* puis il crée de nombreux spectacles pour enfants, notamment *Zoubete,* comédie musicale qui aura à la Réunion un énorme succès et paraîtra en album-disque. Plusieurs journaux le sollicitent souvent pour qu'il écrive des nouvelles et des contes.

Depuis 1985, Jacques Poustis vit à Paris et poursuit, hors des sentiers du showbiz, sa carrière d'artiste polyvalent (chanteur, clown, ventriloque... et écrivain).

Erika Harispé a réalisé les illustrations intérieures.

« Je suis née en Égypte et j'ai passé les trois premières années de mon enfance dans une oasis — Ismaïlia — au milieu des sables chauds. Puis je suis venue en France et me suis installée à Nice. Avec mes amis, nous faisions les caricatures des habitants du quartier. Plus tard, au lycée, je dessinais pendant les cours.

« Aujourd'hui, j'habite avec ma fille, Gaëlle, dans une petite maison pas très loin de Paris. Je dessine toujours devant ma fenêtre et j'ai la chance d'observer une trentaine d'oiseaux d'espèces différentes. »

Gérard Franquin est l'illustrateur de la couverture. Depuis sa naissance en 1951, il a pratiquement toujours à la main soit un crayon soit un pinceau... Il a illustré de nombreux albums et ouvrages pour l'Atelier du Père Castor où il est maquettiste.

Un Père Noël pas comme les autres.

Marins et pirates repentis de tous pays se sont taillé, dans l'océan Indien, un minuscule paradis. Ils l'ont surnommé « l'Ile merveilleuse ».

Un nouvel arrivant y introduit, sans malice, une curieuse légende venue d'Europe. Cette nouvelle va créer la confusion dans tous les esprits. Le « paradis » va devenir un « enfer » pour tout le monde... Toute la détermination (et le génie !) du vieux « Pattenbois » sera nécessaire pour rétablir une situation très vite insoutenable...

Chapitre 1

Chang Cane-Sing écarta avec précaution la branche qui lui cachait la vue et un grand sourire illumina son visage. Le nid était là, devant lui, à trois ou quatre mètres à peine. Il le devinait plus qu'il ne le voyait : cette paille séchée qui dépassait du trou dans le rocher, et surtout ces piaillements aigus d'oisillons toujours affamés...

Il s'agissait maintenant d'avancer prudemment pour ne pas dégringoler de la falaise. On entendait parfaitement la mer qui grondait une centaine de mètres plus bas. Chang frissonna à l'idée d'une chute toujours possible, puis chassa cette pensée de son esprit et décida de commencer les manœuvres d'approche. Avant tout, un dernier regard vers le ciel, afin de s'assurer que sa mère ne se trouvait pas dans les parages... Et soudain les yeux de Chang s'écarquillèrent. Il resta bloqué, la bouche grande ouverte, comme pétrifié.

Il referma les yeux en serrant très fort ses paupières, secoua la tête dans tous les sens pour s'assurer qu'il ne rêvait pas puis, se protégeant avec les mains pour ne pas être ébloui par le soleil, fixa de nouveau la ligne d'horizon, là-bas, très loin, à l'endroit où les bleus du ciel et de la mer se confondent.

Il ne rêvait pas ! Il avait bien vu !

Il poussa un cri strident, se redressa, tourna le dos à l'océan et se mit à courir comme un fou vers les habitations.

Ce qu'il venait d'apercevoir était tellement extraordinaire !...

⁂

Qu'est-ce que Chang Cane-Sing avait vu ?...

Vous le saurez dans un instant, je vous le promets. Mais avant de continuer ce récit, je dois vous dire que cette histoire s'est passée il y a fort longtemps dans une petite île de l'océan Indien. Cette île, pratiquement sauvage, n'était habitée à l'époque que par quelques familles d'aventuriers venus de divers pays. Navigateurs, explorateurs, corsaires ou pirates, ils avaient atterri ici un peu par hasard et, séduits par la beauté de l'endroit, la douceur du climat et l'abondance du gibier, ils s'y étaient installés et avaient fondé une petite communauté à l'écart du monde.

Il est certain que cette île existe encore, mais on dispose de peu d'éléments pour la situer exactement. Les études et les recherches que j'ai entreprises ainsi que certains recoupements de divers récits me laissent supposer que cette petite île doit se trouver du côté de l'île de la Réunion. Peut-être même s'agit-il tout bonnement de l'île de la Réunion. Mais rien en fait ne permet de l'affirmer.

J'ai retrouvé cette histoire (parmi bien d'autres que je vous raconterai peut-être un jour) dans un vieux manuscrit qui pourrissait lentement dans les caves du Muséum international de la mer. Ce manuscrit (non signé) a pour titre : *Histoires vraies de l'Ile merveilleuse.* La date de l'ouvrage ainsi que la dernière histoire ont été « mangées » par la moisissure.

Le vieux manuscrit est écrit en français tel qu'on l'écrivait autrefois. Ce qui permet de dater l'ouvrage du XVIIe ou du XVIIIe siècle. Je me suis permis de le transcrire en français moderne afin de le rendre plus compréhensible.

Après cette longue parenthèse, je

reprends mon récit là où je l'avais interrompu en vous souhaitant une agréable lecture.

⁂

... En entrant dans la boutique de son père, Chang était tellement excité qu'il bouscula, sans s'excuser, Mme Vinamala, renversa le tabouret qui servait à faire patienter les clients âgés ou fatigués, et écrasa la queue du chat qui sommeillait tranquillement à sa place habituelle.

Chang, la gorge en feu d'avoir hurlé en courant tout le long du chemin, n'arrivait même plus à reprendre sa respiration, et son vieux père, soudain inquiet, se précipita vers lui.

— Holà, holà ! Par tous les mauvais esprits de l'Empire chinois, que se passe-t-il, mon fils ? Aurais-tu vu le diable ou quelque monstre inconnu ?

— Papa, papa ! ... un baba... un ba... ba...

— Un baba ?... Que me racontes-tu, mon fils ! Allons, allons, assieds-toi, reprends tes esprits et parle calmement.

— Un baba, papa, j'ai vu ! J'ai vu un ba-teau !

— Un bateau ? ... Tu es en train de me dire que tu as vu un bateau ?...

— Oui, papa, j'ai vu un bateau à l'horizon, un bateau, un gros bateau... et... et il se dirige par ici !

— Un bateau !... dit le vieux Cane-Sing en ouvrant des yeux grands comme des tasses à thé... Tu as bien dit un bateau ?...

— Un bateau ? répéta Mme Vinamala qui s'était approchée. Tu as bien dit un bateau ?...

— Oui, oui ! Je vous le dis et je vous le redis, un bateau est en train de se diriger vers notre île !

Il y eut alors dans la boutique un long silence, comme si chacun faisait un effort pour accepter cette nouvelle incroyable.

Puis d'un seul coup, dans un même élan, le vieux Cane-Sing, son jeune fils Chang et Mme Vinamala s'élancèrent hors de la boutique et se mirent à courir aussi vite qu'ils le pouvaient vers la plage, en criant comme des fous :

— Un bateau !... Ohé, vous entendez !... Un bateau ! Vite ! Vite !...

Comme si elle n'attendait que ces cris pour se mettre en branle, la cloche de la chapelle se mit à sonner le tocsin à toute volée pour ameuter la population.

Seul le chat, dans la boutique, avait gardé son calme. Il s'étira avec une lenteur étudiée, fit un brin de toilette, histoire de fêter la nouvelle, jeta un museau discret audehors pour s'assurer que la situation était tout à fait favorable, et se trouva d'un bond sur le comptoir de bois. Deux plateaux bien garnis

paraissaient lui être offerts. L'animal laissa échapper un bref ronronnement de satisfaction, puis s'attaqua avec délectation à l'un de ces beignets de poulet qui, depuis toujours, le faisaient baver inutilement.

Fallait-il que l'arrivée d'un bateau dans l'île fût rarissime pour que le vieux Cane-Sing laissât ainsi sa boutique sans surveillance !

De mémoire de chat, et peut-être même plus, c'était la première fois qu'un tel événement se produisait.

Chapitre 2

Il y avait un peu plus de deux ans, en effet, que le dernier bateau (un galion chargé d'épices et d'étoffes précieuses, arrivant des Indes et retournant en Europe) avait quitté l'Ile merveilleuse.

C'est vous dire combien la nouvelle, criée par Chang, fit sensation.

En quelques minutes, comme par enchantement, tous les habitants se retrouvèrent sur la plage. Cela faisait en tout et pour tout une petite population de cinquante-trois membres, y compris les enfants.

L'excitation battait son plein et chacun faisait des commentaires sur le bateau, au fur et à mesure que celui-ci approchait. C'était un magnifique trois-mâts battant pavillon français. Le *Bienvenu* était son nom, marqué en lettres d'or sur son flanc.

Il mouilla à une dizaine d'encablures du rivage et mit aussitôt un canot à la mer. Selon une coutume bien établie sur l'île, les hommes les plus jeunes plongèrent à la mer pour rejoindre à la nage les nouveaux arrivants.

Le capitaine du vaisseau, légèrement souffrant, était resté à bord. Ce fut donc l'officier en second qui débarqua avec quelques hommes.

Le vieux Pattenbois (qui était le plus ancien habitant de l'île et, à ce titre, pratiquement le chef) accueillit l'équipage avec des larmes plein les yeux. Pour marquer l'événement, il tint à improviser un discours :

— Messieurs, votre navire s'appelle le *Bienvenu,* mais ce n'est pas seulement pour cela que je tiens à vous souhaiter la bienvenue, c'est aussi parce que... parce que... je vous souhaite la bienvenue pour... parce que...

Voyant que l'émotion du vieil homme était à son comble et qu'il était bien incapable d'expliquer pourquoi il souhaitait la bienvenue, la foule se mit à applaudir bruyamment.

L'officier prit à son tour la parole, remercia la population de son

accueil chaleureux et apprit aux habitants dépités que le bateau, qui venait de Madagascar, allait repartir sur l'heure, car il avait déjà pris beaucoup de retard sur sa route. Il n'avait fait halte que pour débarquer le sieur Aubran et sa famille : sa femme, son fils aîné, jeune garçon d'une dizaine d'années, et son bébé, né d'ailleurs sur le bateau. Le sieur Aubran était envoyé par Sa Majesté le roi de France pour faire une étude géographique des îles éparses de l'océan Indien. L'officier demanda, au nom du roi de France, que le meilleur accueil fût réservé aux nouveaux arrivants.

Avant de repartir, l'officier débarqua quelques pièces d'étoffes que les femmes se partagèrent en se chamaillant à qui mieux mieux. Les hommes ricanaient grassement de voir leurs compagnes se disputer pour des bouts de tissu, lorsque l'officier leur proposa, à eux, un peu de poudre et quelques munitions. Ce fut alors une belle pagaille et les plus violents faillirent en venir aux mains.

Pattenbois, très digne, voulut entamer un discours d'adieu, mais sa voix se perdit dans le brouhaha général, et il abandonna.

L'officier et les quelques matelots repartirent alors dans la barque chargée de fruits et de légumes frais.

La nuit commençait à tomber lorsque le bateau quitta la baie, et chacun rentra chez soi, ravi d'avoir vécu une journée exceptionnelle.

Pattenbois ne voulut laisser à personne l'honneur d'héberger la famille Aubran pour tout le temps nécessaire à la construction de leur future maison.

Le vieux Cane-Sing retourna à sa boutique en sifflotant. Il avait troqué avec les matelots du *Bienvenu* quelques vieilles volailles contre des vêtements pratiquement neufs, et il riait tout seul de cette bonne affaire. Il était tellement heureux qu'en arrivant à sa boutique il appela son chat et lui offrit, après un temps d'hésitation tout de même, un minuscule morceau de beignet de poulet.

Ceux qui connaissent l'immense fierté des chats pourront imaginer le plaisir que prit notre matou à venir renifler l'offre du bout du museau, puis à la refuser d'un air dédaigneux, sans même lui accorder un coup de langue amical.

Loin de se vexer, le vieux Cane-

Sing se félicita de posséder un chat si raisonnable. « Il y a des jours, comme ça, où tout marche pour le mieux », pensa-t-il en souriant...

C'est bien aussi ce que pensait le chat, qui digérait béatement sous le tabouret.

Chapitre 3

Le fils de M. Aubran s'appelait Aldebert. Il fêta son onzième anniversaire une semaine après son arrivée sur l'Ile merveilleuse.

A cette occasion, Mme Aubran fit son premier « gâteau de patates », spécialité de l'île dont Mme Vinamala lui avait donné la recette.

Quand il eut soufflé ses onze bougies, Aldebert eut l'agréable surprise de se voir offrir par Pattenbois un magnifique livre, intitulé : *Jeux mathématiques et amusements scientifiques.* Le vieil homme, qui décidément semblait adorer cette occupation, tint à faire un discours où il exprima sa joie de voir arriver enfin sur l'Ile merveilleuse un enfant qui sût lire et

écrire. Avec une fierté à peine dissimulée, il révéla à la famille Aubran que, dans sa jeunesse, il avait poursuivi des études supérieures et qu'à l'âge de vingt-deux ans il enseignait le latin dans un collège religieux de Nantes. Il fut aussi très fier de faire visiter sa bibliothèque, la seule de l'île, et M. Aubran reconnut qu'elle était remarquablement garnie.

— Je m'oblige à lire au moins une heure par jour, déclara Pattenbois. C'est un exercice que je vous recommande sur l'île, si vous ne voulez pas que votre cerveau se mette à rouiller par manque d'activité.

L'idée d'un cerveau en train de rouiller donna le frisson à Aldebert, qui se promit de s'adonner régulièrement à la lecture.

Pour clôturer cette journée de fête, Pattenbois exécuta quelques airs folkloriques sur un vieux crincrin que lui avait offert dix ans plus tôt un capitaine hollandais de passage. Le résultat fut atroce et le chien de Pattenbois se mit à hurler à la mort.

Malgré le gâteau de patates, malgré le magnifique livre, malgré le concert improvisé, Aldebert, dès qu'il fut seul dans son lit, pleura longuement. Il avait encore en tête les anniversaires passés, auxquels sa mère ne manquait jamais d'inviter ses meilleurs camarades : Louis, Antoine, Claude, et surtout

Thérèse, la belle Thérèse, qu'il aimait depuis toujours en secret et qu'il ne reverrait peut-être plus jamais.

Il mit longtemps à s'endormir cette nuit-là, et fit même des cauchemars inquiétants. Au cours de l'un d'eux il vit un énorme chien qui bavait en hurlant à la mort devant un vieux cerveau rouillé.

Chapitre 4

Chaque matin, sauf le samedi et le dimanche, M. Aubran partait, sac au dos, à la découverte de l'île. Il y prenait un plaisir évident et c'était toujours avec enthousiasme qu'il décrivait le soir à sa femme les paysages splendides de l'intérieur de l'île.

Le volcan, encore en activité, le passionnait plus que tout. Il n'avait pas eu la chance d'assister à une véritable coulée de lave, mais il assurait avoir entendu plusieurs fois la terre gronder sous ses pieds.

— Chaque soir, dit-il un jour à Pattenbois, je prie le Diable pour qu'il sorte de son trou ! Mais, apparemment, il a peur de moi...

Pattenbois, qui était très superstitieux, devint blême et se signa plusieurs fois avant d'affirmer, la voix tremblante, qu'il ne fallait pas dire de telles choses.

Un jour, Aldebert avait accompagné son père, mais il avait tellement souffert du soleil et la marche sur le sol accidenté lui avait été tellement pénible qu'il s'était promis de ne plus recommencer.

Il préférait passer de longues heures sur la plage à observer les tortues de mer qui venaient pondre dans le sable.

C'est là (le quinzième jour après

l'arrivée du *Bienvenu*) que Chang, prenant son courage à deux mains, vint au matin le retrouver. Il s'assit tout près de lui.

— Salut !...

— Bonjour...

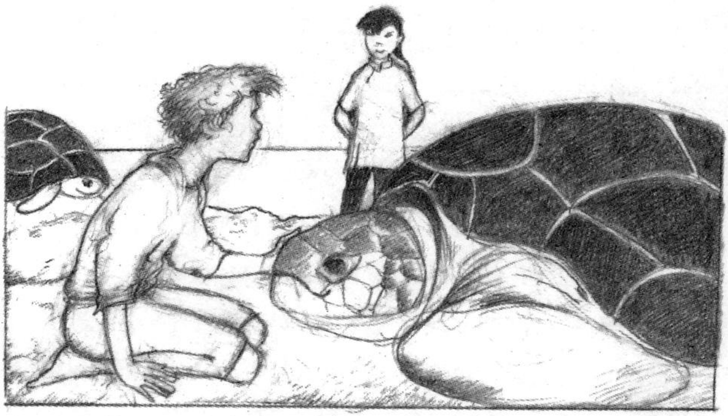

— Je... je m'appelle Chang... et toi ?

— Moi, c'est Aldebert.

— J'ai jamais entendu de prénom comme celui-là.

— Tu es le premier Chang que je rencontre !...

Ils se mirent à rire, heureux d'avoir fait connaissance.

Un bel oiseau blanc muni d'une longue queue passa non loin d'eux.

— C'est un paille-en-queue... C'est beau, hein ?... Dis, Aldebert... t'es courageux, toi ?

Aldebert, surpris par la question, ne répondit pas tout de suite puis, méfiant, dit :

— Courageux... bof ! Pas trop.

— Moi non plus, pas trop, mais j'ai l'habitude. Viens, je vais te montrer quelque chose qui va peut-être t'intéresser. Un nid de paille-en-queue ! En ce moment, y'a des petits, faudra faire attention, la mère peut être très méchante si elle nous surprend.

Les deux garçons disparurent dans la forêt.

A partir de ce jour-là, ils ne se quittèrent pratiquement plus. Bientôt, Aldebert fit la connaissance de Oualid, le fils du forgeron, de Myriam, la fille de la couturière, et d'Amina, la fille de Mme Vinamala.

Les cinq enfants devinrent rapidement unis comme les doigts de la main. Ils passaient des journées entières à la plage, à pêcher et à se baigner. Aldebert était le plus âgé, mais les autres avaient tout à lui faire découvrir.

Il apprit à reconnaître le poisson-perroquet aux couleurs d'arc-en-ciel, le chirurgien, poisson muni, près de sa queue, d'un dard coupant comme un bistouri. Il apprit aussi à se méfier du poisson-pierre, hideuse petite boule difforme qui se terre dans le sable et dont la piqûre douloureuse peut être mortelle. Il devint peu à peu d'une adresse redoutable pour attraper les langoustes à la main d'un geste vif et précis.

En contrepartie de tous les enseignements que lui apportaient ses amis, Aldebert leur faisait la lecture de livres qu'il empruntait à Pattenbois. C'étaient des livres de théologie ou des ouvrages scientifiques auxquels les enfants ne comprenaient rien du tout. Mais il y avait la magie des mots et les discussions qui naissaient entre eux pour essayer de trouver des explications. Et puis, surtout, Aldebert leur avait appris que celui qui ne lit pas ou qui ne réfléchit pas se retrouve en peu de temps avec un cerveau tout rouillé.

La vie sur l'île s'écoulait ainsi, douce et tranquille, et Aldebert, un beau jour, fut tout étonné d'être incapable de remettre un visage précis sur les noms de ses anciens camarades de France.

Il comprit ce jour-là que désormais sa vie se confondait avec celle des autres habitants de l'Ile merveilleuse.

Chapitre 5

Pattenbois, intrigué d'apprendre que les enfants se rassemblaient tous les soirs sous le gros flamboyant de la plage, décida un jour d'aller voir ce qui s'y passait.

Il s'approcha très lentement du vieux tronc noueux qui avait résisté à tant de cyclones et il eut la surprise d'entendre une voix lire avec application un texte philosophique.

— « Il semblerait, disait la voix, que la fonction essentielle de la mémoire collective d'une société soit de perpétuer chez les hommes qui la constituent un ensemble de comportements... »

— Un ensemble de quoi ?... demanda une autre voix.

— Un ensemble de comportements ! Si tu écoutais un peu mieux, aussi...

Comme il n'en croyait pas ses oreilles, Pattenbois se pencha un peu sur le côté et découvrit avec stupéfaction les enfants allongés sur le ventre autour d'Aldebert qui faisait la lecture.

Le sérieux de celui-ci et la concentration des autres enfants le firent sourire d'un air attendri.

— Hé, les enfants, dit-il en sortant de sa cachette, comprenez-vous seulement la moitié de ce que vous lit Aldebert ?

Les enfants sursautèrent d'un même bond, surpris comme s'ils étaient en faute.

— On ne fait rien de mal, dit Oualid, qui fut le premier à reprendre ses esprits.

— Oh ! mais je sais bien, dit Pattenbois en souriant, d'ailleurs je ne vous reproche rien, bien au contraire... quoique je pourrais demander à Aldebert où il a emprunté ce livre. Ce n'est pas moi qui lui ai prêté un livre aussi compliqué !

— Excuse-moi, Pattenbois, nous n'avions plus rien à lire et je ne t'ai pas trouvé pour te demander la permission.

— Il n'est pas question de ça, tu peux garder le livre, dit aussitôt le vieil homme, qui regrettait un peu d'avoir troublé la tranquillité des enfants. Je ne voulais pas vous déranger, mais juste savoir ce que vous compreniez de cette lecture.

— On ne comprend pas, répondit Myriam, mais ça ne fait rien.

— C'est juste pour faire fonctionner notre cerveau, ajouta Oualid.

— Ça l'empêche de se rouiller et de se bloquer, termina Chang.

A ces mots, Pattenbois ne put retenir un véritable fou rire. Il riait, il riait en se tenant la poitrine de ses deux mains écartées et, plus il riait, plus il avait envie de rire.

— Ah ! excusez-moi, les enfants, excusez-moi, soupirait-il entre deux sanglots, mais... mais tout ceci est tellement inattendu !

Des larmes coulaient abondamment le long de ses joues, et il mit un grand moment à reprendre sa respiration. Les enfants, ébahis, ne savaient trop quelle attitude prendre.

Puis soudain, comme si rien ne s'était passé, Pattenbois retrouva son sérieux habituel.

— Mes enfants, mes chers petits, je viens de prendre à l'instant une grande décision... Je ne peux pas vous en parler maintenant, car il faut que j'y réfléchisse... mais cela fait longtemps que j'y pense. Je vous donne rendez-vous demain matin devant chez moi, juste après l'angélus.

Chapitre 6

Bien avant que l'angélus du matin ait retenti, les enfants se trouvaient déjà rassemblés dans la cour de Pattenbois. Ils étaient un peu émus, c'était la première fois que Pattenbois les convoquait ainsi. De temps en temps, à l'occasion d'événements très importants pour la communauté, Pattenbois demandait à la population de se rassembler ainsi devant chez lui. Par exemple pour organiser des tâches d'ordre général et, dans ces cas-là, bien entendu, le vieux chef s'adressait aux adultes plutôt qu'aux enfants : ainsi, avant et après le passage d'un cyclone ou, récemment, lors du grand incendie qui avait menacé les habitations.

Bref, ce matin-là, les enfants se posaient des tas de questions sur les raisons de cette grande « première ».

Comme promis, Pattenbois sortit de chez lui juste après l'angélus. Les enfants cessèrent aussitôt leurs conversations. Le vieil homme s'assit devant eux. Il s'était habillé de propre et tous s'aperçurent qu'il était au moins aussi ému qu'eux. Comme pour les adultes (les enfants apprécièrent ce détail), Pattenbois avait préparé un discours écrit qu'il posa sur ses genoux.

— Mes enfants..., commença-t-il, mes enfants, je sais bien que l'instruction scolaire n'est pas la première nécessité dans notre petite île. Nous sommes d'ailleurs très peu ici à savoir lire, écrire et compter. Cependant, j'ai pensé que, s'il était un peu tard, et peut-être un peu inutile pour vos parents de commencer des études, cela pouvait au contraire se révéler très important pour vous. En effet, que serez-vous demain, où irez-vous ? Certains n'auront-ils pas envie de parcourir le monde ? Mon expérience me prouve que l'instruction est le bagage le plus important pour voyager. Plus important que des malles remplies de vêtements, plus important qu'une grande quantité d'or que le premier brigand vous dérobera au détour d'un chemin. (Là, Pattenbois releva la tête, comme s'il avait appris la phrase par cœur.) Ouvrir son esprit sur le monde et sur les hommes, c'est s'ouvrir les portes de la vie !...

Pattenbois arrêta un instant son discours, visiblement satisfait de sa formule et attendant peut-être des applaudissements qui ne vinrent pas. Les enfants, encore suspendus à ses paroles, étaient incapables de réagir.

— La connaissance est la plus importante des richesses, car personne ne peut vous la voler ! (Nouvel arrêt.) Mes enfants, j'ai décidé... d'ou-vrir-chez-moi-une-é-cole !... Tous les enfants qui le souhaiteront pourront y venir. Les cours auront lieu le lundi et le jeudi.

— Ouahiiiiii !

Ce ne fut qu'un seul et immense cri chez les enfants. Ils se levèrent tous ensemble et assaillirent de baisers le vieux Pattenbois. Une école ! Une véritable école ! Ils en rêvaient tous plus ou moins depuis l'arrivée d'Aldebert.

Pattenbois eut beaucoup de mal à calmer leur enthousiasme. Il frappa dans ses mains et, à cet instant, pensa qu'il prenait déjà des habitudes de maître d'école.

— Bon, bon, bon, les enfants, calmez-vous, calmez-vous, je vous avertis tout de suite que dans la classe il faudra un peu plus de discipline ! Je vous donne rendez-vous lundi prochain. Cela me laisse trois jours pour préparer un peu ma classe. Je compte aussi sur Aldebert pour me donner un petit coup de main, j'en aurai besoin.

Aldebert, qui était resté un peu à l'écart, se mit alors à sourire, heureux que Pattenbois prît en compte son avance sur les autres.

Le soir, dans les familles, il fut bien difficile de calmer les enfants. Et il y eut bien des colères indignées lorsque certains soutinrent à leurs parents qu'ils n'auraient pas le cerveau rouillé comme le leur.

Chapitre 7

La classe de Pattenbois fut un véritable succès. Pour les enfants, il ne pouvait y avoir meilleur maître que le vieil homme. Il avait le don de captiver son jeune auditoire en racontant des aventures de pirates qu'il assurait, à qui voulait le croire, avoir lui-même vécues. C'était souvent la même histoire qu'il racontait de façon différente chaque fois. Les enfants écoutaient inlassablement, par exemple, l'incroyable récit du gigantesque combat qui avait opposé six navires pirates à six navires royaux. L'affrontement avait duré quatre jours et quatre nuits : chasse, poursuites, bruits de canon, et abordages sanguinaires. Pas de pitié ! Chose unique, à l'issue du combat, TOUS les bateaux avaient

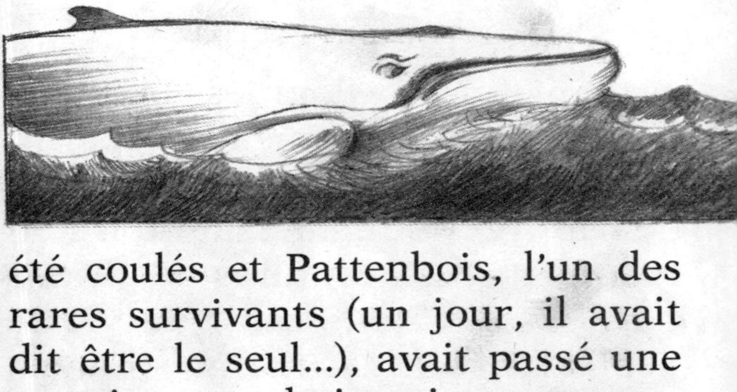

été coulés et Pattenbois, l'un des rares survivants (un jour, il avait dit être le seul...), avait passé une semaine sans boire ni manger, accroché à un tonneau flottant à grand-peine, avant d'échouer sur l'Ile merveilleuse. C'est là qu'il s'était aperçu avec effroi qu'un requin lui avait croqué la jambe droite sans même qu'il s'en rende compte (c'est de cette infirmité qu'il tenait son surnom de Patte-en-bois...). Bien sûr, chaque fois qu'il racontait cette histoire, le vieux maître y rajoutait des détails, toujours à son avantage.

Mais qu'importe, après tout ! L'important pour Pattenbois était de capter l'attention de ses élèves : problèmes de mathématiques, cours de physique, réflexions sur la vie se greffaient ensuite au récit.

Et les espoirs de Pattenbois se

réalisèrent. En quelques mois (huit exactement), tous les enfants savaient lire, écrire, compter à peu près correctement.

Par chance, un nouveau bateau avait fait escale deux jours à l'Ile merveilleuse et Pattenbois, après d'âpres discussions avec le capitaine, avait réussi à échanger quelques cochons gras contre de l'encre et du papier, en quantité suffisante pour deux années de classe au moins.

Pattenbois était donc un maître comblé et il ne se passait pas une journée sans qu'il se félicitât de son « œuvre ».

Et pourtant, dans sa chère école, au matin d'un lundi 18 décembre (la date est restée gravée dans toutes les mémoires), commença un petit drame qui prit de telles proportions qu'il faillit briser à jamais le bonheur tranquille de la vie sur l'Ile merveilleuse.

Chapitre 8

Pour Pattenbois, les heures de classe étaient des moments de bonheur suprême. Il avait toujours adoré les enfants, mais, à partir du jour où commença sa classe, il se plut à dire à tout propos que, de tous les enfants qu'il avait rencontrés au cours de sa longue vie, ses élèves étaient assurément les plus beaux.

Pattenbois réunissait dans sa classe presque toutes les races humaines, et ce vieux marin qui avait parcouru toutes les mers du globe tirait de ce rare assemblage une immense fierté.

Il aimait à dire que Chang avait la peau couleur de sable et il découvrait dans ses cheveux d'un noir d'encre des reflets d'un bleu rare. Il assurait que Oualid avait la belle couleur du chocolat et que son sourire d'un blanc étincelant était le plus pur qu'il eût jamais vu. Il s'extasiait devant les yeux immenses de Myriam, qui mangeaient son fin visage couleur de miel. Chez Amina, qu'il appelait sa « princesse café au lait », il ne se lassait pas d'admirer la magnifique chevelure longue et soyeuse. Et de la même façon, dès qu'il avait accueilli Aldebert, le jour de son arrivée, Pattenbois avait été séduit par ses boucles couleur de blé et ses

joues au teint de pêche.

« Si j'étais peintre, pensait-il parfois, je passerais mon temps à faire des portraits de mes enfants. Si j'étais poète, sûr que je les mettrais en vers ! Mais voilà, je ne suis que leur vieux maître et je me contente de les regarder s'épanouir à la vie. »

Ce jour-là (ce « maudit 18 décembre », comme l'appellera plus tard Pattenbois), les enfants étaient courbés sur leur pupitre, absorbés par un exercice de rédaction que leur avait demandé leur maître. Pattenbois avait raconté une histoire dans laquelle un jeune chevalier, prisonnier dans un château fort, passait ses journées à écrire à une jeune inconnue qui hantait ses nuits. Un jour, le chevalier mourut dans sa prison. On retrouva les lettres et l'on ne sut jamais si la jeune fille avait réelle-

ment existé ou si elle était née dans l'imagination du prisonnier. Selon son habitude, c'est à partir de ce récit que Pattenbois avait proposé un sujet de rédaction : *Écrivez une lettre, que vous adressez à un être cher, réel ou imaginaire.*

A la fin de la matinée, quand tout le monde eut terminé, le maître ramassa les devoirs et décida d'en faire la lecture devant la classe, afin que chacun pût apporter ses critiques personnelles.

Personne n'aurait pu se douter alors que le drame était proche...

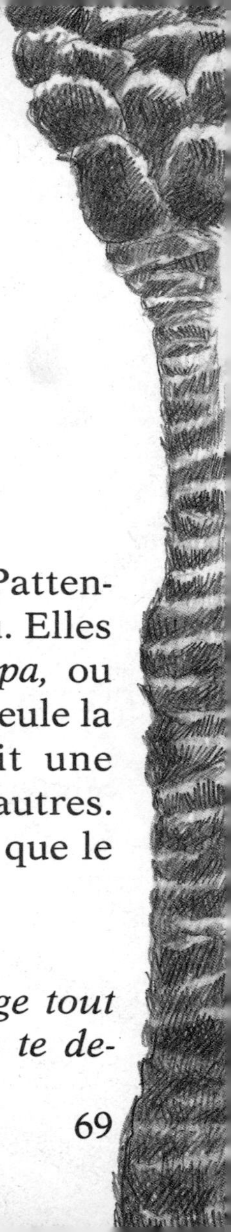

Chapitre 9

Toutes les lettres que lut Pattenbois se ressemblaient un peu. Elles commençaient par *Cher Papa,* ou *Cher oncle,* ou *Cher cousin.* Seule la lettre d'Aldebert présentait une originalité par rapport aux autres. La voici intégralement, telle que le maître la lut à ses élèves :

Mon très cher Père Noël,

Je pense avoir été bien sage tout au long de l'année, aussi je te de-

manderai, si cela est possible, de m'apporter des friandises ainsi que quelques livres. J'espère que ton voyage se passera sans problème quand tu descendras du ciel. Attention de ne pas tomber dans le lagon, il est par endroits rempli d'oursins qui piquent fort les pieds.

Je t'embrasse bien fort mon cher Père Noël en te remerciant par avance de ne pas m'oublier.

Aldebert Aubran.

Quand il eut terminé, Pattenbois sentit que sa classe était désemparée. Il y eut un grand moment de silence, puis Myriam se décida à parler la première.

— Pattenbois, est-ce que je peux poser une question à Aldebert ?

— Bien sûr, Myriam, au contraire.

Myriam se tourna vers Aldebert, et parut embarrassée.

— Aldebert, excuse ma question, tu n'es pas obligé de répondre. Voilà : ton M. Noël, là, il est mort ?

— Bien sûr que non, répondit Aldebert, sincèrement étonné, pourquoi tu me poses cette question ?

— Parce que tu dis dans ta lettre « quand tu descendras du ciel ».

— Ben oui, jusqu'à preuve du contraire, le Père Noël vit dans le ciel, non ?

— Attends, attends, dit Oualid, ton Père Noël, c'est quoi ? Quelqu'un de ta famille ?

Aldebert se mit à rire et dit :
— Vous n'avez donc jamais entendu parler du Père Noël ?
— Le Père Noël..., dit Myriam, c'est bien la première fois que j'entends parler de lui !

Aldebert regarda le vieux maître d'un air interrogateur. Était-il possible que personne n'eût jamais

parlé du Père Noël à ses camarades ? Et quelle devait être son attitude, maintenant ? Devait-il leur avouer que c'était une légende pour les petits enfants ou devait-il essayer de leur faire croire au Père Noël ?

Pattenbois ne savait trop comment agir et, sentant le regard d'Aldebert posé sur lui, il haussa les épaules. Aldebert interpréta cela comme une invitation à poursuivre le jeu.

Il parla donc longuement à ses jeunes camarades de l'illustre vieillard à la barbe blanche, toujours vêtu d'un grand manteau rouge et qui, tous les ans à la même époque, apportait des cadeaux aux enfants sages.

Les autres n'en croyaient pas leurs oreilles, ils posèrent de nombreuses questions à Aldebert. Où vivait-il ? Pourquoi ne venait-il qu'à la fin de l'année ? Quel âge avait-il ?

Puis leur curiosité fit place à la colère.

Comment ! Il existait un Père Noël pour les enfants du monde entier, et on ne le leur avait jamais dit !

— Hé ! Pattenbois, dit Oualid qui avait perdu son joli sourire, pourquoi donc le Père Noël n'est-il jamais venu chez nous ?... Peux-tu nous expliquer ?...

Pattenbois était bien embarrassé. Il passa sa main dans ses cheveux, toussota plusieurs fois pour se donner le temps de réfléchir.

— Il ne vient pas vous voir... il ne vient pas ici... car... car il, car vous... car il sait très bien que vous ne le

connaissez pas ! Alors, il n'ose pas venir. Bon ! maintenant que la discussion est close, nous allons faire un peu de conjugaison.

Mais les enfants n'avaient aucune envie de faire de la conjugaison alors qu'ils venaient d'apprendre l'existence du Père Noël.

Ils mirent d'ailleurs une telle mauvaise volonté à écouter et à travailler que le vieux maître décida exceptionnellement d'arrêter la classe plus tôt que d'habitude.

Les enfants essayèrent bien de revenir sur le sujet, mais Pattenbois coupa court à toute discussion.

— Allez, allez ! tout le monde est fatigué, moi le premier. Rangez vos affaires et rendez-vous à jeudi. Au revoir !

Chapitre 10

Le jeudi suivant, Pattenbois ne se souciait plus de cette histoire de Père Noël. Mais les enfants, eux, depuis trois jours, ne pensaient plus qu'à cela. Ils avaient même fait quelques réunions secrètes pour réfléchir à ce problème. Si bien que, avant même que Pattenbois ait ouvert la bouche pour dire son habituel : « Bonjour les enfants », Oualid s'était levé.

— Pattenbois, tu nous as dit la

dernière fois que le Père Noël ne passait pas nous voir sur l'Ile merveilleuse, car il savait que nous ne le connaissions pas ?

— ... J'ai peut-être dit cela, en effet.

— Donc, cette année, il va passer, puisque depuis lundi nous savons qu'il existe ?

Le vieux maître resta un moment la bouche grande ouverte, cherchant désespérément une réponse qui ne venait pas. Ce fut Aldebert qui le sauva, momentanément :

— Justement, Oualid, tout cela est tellement nouveau pour lui qu'il n'est pas encore au courant que vous savez. Peut-être même ne le saura-t-il jamais !

— Il le saura ! s'écria Amina qui, pour une fois, sortait de sa réserve, il suffira de mettre un grand dessin de Père Noël bien en vue sur la plage. Il saura ainsi que nous savons !

Pattenbois commençait à regretter sérieusement de s'être fourré dans un tel guêpier. Difficile aussi de revenir en arrière. Il soupira et se dit qu'après tout il s'était tiré, dans sa vie, de situations beaucoup plus délicates. Il décida même de tirer profit de ce nouveau sujet d'intérêt en faisant travailler ses élèves sur le thème qui paraissait les passionner ce jour-là.
— Très bien, dit-il, chacun va prendre une feuille de papier, des encres de couleurs différentes, et dessiner un Père Noël d'après la description qu'en a donnée Aldebert l'autre

jour. Quand tout le monde aura terminé, nous choisirons ensemble le meilleur dessin et nous irons le mettre bien en vue sur la plage. Après... après cela... eh bien, nous verrons...

Rarement une journée de classe avait connu une telle effervescence. On en oublia de manger, et le dernier dessin fut terminé en milieu d'après-midi.

Quand il eut fait le tour des pupitres, Pattenbois ne put retenir un sourire attendri. Chang avait peint un Père Noël à la peau couleur de sable, le Père Noël de Oualid était couleur chocolat, celui de Myriam couleur de miel, celui d'Amina couleur café au lait et, avant même de le regarder, Pattenbois supposa que celui d'Aldebert aurait un teint de pêche. Il ne se trompait pas.

— Tous les dessins sont vraiment magnifiques, dit le vieux maître, mais il va falloir que vous vous décidiez sur la couleur de peau du Père Noël !

La classe connut alors la plus belle pagaille de son existence. Tout le monde voulait un Père Noël semblable à lui-même et il fut rapidement impossible de discuter. On commença bientôt à se bousculer et deux ou trois encriers avaient déjà été renversés lorsque Pattenbois, qui ne savait plus comment redevenir maître de la situation, décida d'intervenir brutalement. Il confisqua tous les dessins et les mit sous clé dans un tiroir de son bureau. Aussitôt, le silence se fit.
— Tas de petits vauriens, se mit à hurler Pattenbois, regardez dans quel état vous avez mis la classe !

Allez, disparaissez, que je ne vous voie plus ! Voyous ! Allez, fichez-moi le camp d'ici ! Allez, ouste !

Les enfants, qui n'avaient jamais vu Pattenbois dans cet état-là, s'échappèrent presque en courant, à la fois effrayés, inquiets et fâchés de ne pas avoir résolu leur problème. Comment faire connaître au Père Noël qu'ils étaient au courant de son existence ?

Sans doute auraient-ils dû se réunir pour prendre une décision, mais ils étaient tous tellement en colère les uns contre les autres qu'ils se séparèrent sans même se dire un mot.

Pour la première fois, c'était la zizanie dans l'Ile merveilleuse, et, comme vous allez le voir, cela ne faisait que commencer...

Chapitre 11

Pattenbois, qui regrettait déjà sa colère, regarda s'éloigner ses « chers petits ». Il avait le cœur gros et des larmes perlaient au bord de ses paupières. Il essayait de comprendre comment il en était arrivé là. Il s'était sûrement montré bien mauvais pédagogue à un moment ou à un autre, et il était blessé au plus profond de lui-même.

Il resta assis devant chez lui jus-

qu'à la tombée de la nuit. Lorsque enfin il se leva, il avait presque réussi à se persuader que la nuit calmerait les enfants et que tout serait rentré dans l'ordre le lendemain matin.

— Les colères d'enfants ne durent jamais bien longtemps, dit-il tout haut en rentrant chez lui, comme pour s'en persuader lui-même.

Il était soudain voûté, comme s'il portait sur ses épaules toutes les misères du monde.

Il se prépara un maigre repas, qu'il ne put avaler.

Il s'assit sur son lit et se surprit à maudire Aldebert et sa lettre au Père Noël.

Avant de se coucher, il se versa un petit verre de rhum, geste rarissime depuis qu'il avait pris la responsabilité de l'école.

La nuit était douce, on entendait distinctement le bruissement ininterrompu des vagues sur les galets de la plage.

Pattenbois mit longtemps, longtemps à s'endormir. Et s'il avait su ce qui l'attendait le lendemain, il n'aurait sûrement pas dormi du tout...

Chapitre 12

Ce furent des bruits de voix tout à fait inhabituels qui réveillèrent Pattenbois.

Le jour commençait à peine à mettre en place ses décors de lumière. Pattenbois se frotta les yeux, encore à moitié endormi.

Ah ça ! mais il ne rêvait pas ! Des gens se disputaient devant chez lui !

Le vieil homme se leva péniblement et fit une grimace de dégoût. Le verre de rhum qu'il avait bu la veille lui était resté sur l'estomac.

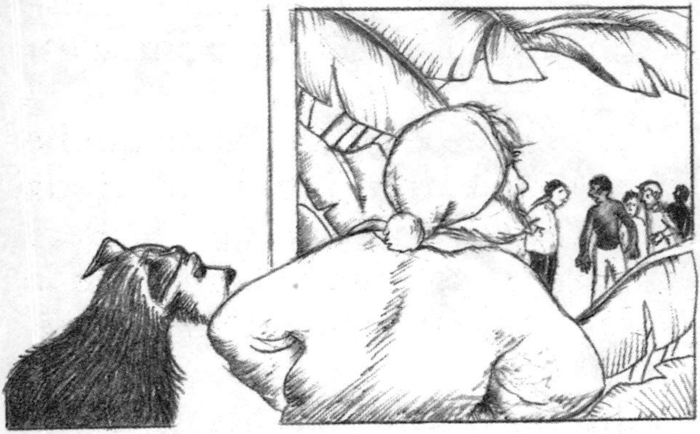

C'étaient maintenant des cris que l'on entendait au-dehors. Intrigué, Pattenbois ouvrit sa porte d'entrée et, de surprise, faillit tomber à la renverse : la population entière de l'île était là, rassemblée devant chez lui. Chaque famille constituait un petit groupe à part. C'étaient surtout les hommes qui s'interpellaient.

— Eh bien, monsieur, criait le père de Oualid, moi je vous dis qu'il n'y a aucune raison pour que le Père Noël ne soit pas noir, un point c'est tout !

— Un Père Noël noir ! Mais quelle drôle d'idée, répondait le vieux Cane-Sing, moi je dis que le Père Noël est jaune ! Jaune comme je le suis et comme l'étaient mes ancêtres !

— Allons, allons, disait le sieur Aubran, soyez un peu raisonnables

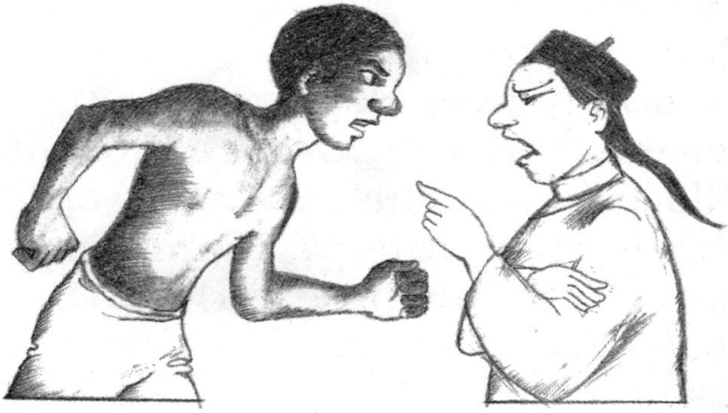

et ne vous disputez pas pour rien. Moi, je vous le dis parce que je le sais : le Père Noël est blanc. Je ne dis pas que c'est bien ou mal, mais c'est comme ça !

— Et pourquoi serait-il blanc, Monsieur le Soi-Disant Savant ? Vous avez des preuves, des documents ? Ou peut-être est-il blanc pour vous faire plaisir. Moi, je dis que le Père Noël est un métis, ainsi que l'a peint ma fille! Et si vous n'aimez pas sa couleur, je vais vous la faire aimer à l'aide de mes poings !

Les hommes s'étaient progressivement échauffés et devenaient menaçants. Pattenbois sentit que, s'il n'intervenait pas immédiatement, cela allait se terminer en bagarre générale. Il respira un grand coup et, boitillant sur sa

jambe raide, il s'élança au milieu de la foule.

— Comment ? comment ? s'écria-t-il, qu'est-ce que j'entends ?... Il y en aurait parmi vous qui veulent jouer aux durs ! Il y en aurait qui ont tellement peu de cervelle qu'ils sont obligés de réfléchir avec leurs poings ! Mais qu'est-ce que ça veut dire, tas de braillards stupides, êtes-vous tous soudain devenus fous ?

— Pattenbois, dit l'un d'eux, peux-tu expliquer à ces messieurs que le Père Noël ne peut être ni noir ni jaune ?

Le vieux chef s'avança, menaçant, vers l'homme qui venait de parler.

— Et pourquoi, s'il te plaît, le Père Noël ne peut-il être ni noir ni jaune ?

— Parce que... parce que c'est ainsi, bégaya l'homme en reculant.
— Et pourquoi ça serait ainsi et pas autrement, bougre de crétin ?
— Bien parlé, Pattenbois, lança le vieux Cane-Sing, avec son sourire édenté. Je leur ai dit que le Père Noël était jaune, mais ils n'ont rien voulu écouter !
— Tiens, tiens ! Ainsi, c'est jaune que serait sûrement le Père Noël, comment peux-tu affirmer cela ?
— C'est... heu... C'est pour moi une évidence !
— Ah ! bon... une évidence ! Et tu l'as déjà vu, le Père Noël, pour être aussi sûr de toi ?
— Non, Pattenbois... bien sûr que je ne l'ai jamais vu...
Pattenbois se retourna alors vivement pour faire face à tout le monde.
— Qui parmi vous a déjà vu le Père

Noël ?... Eh bien, messieurs, allons ! Où sont les grosses voix qui criaient tout à l'heure ? Seriez-vous tous devenus muets ?...

Le vieil homme fit le tour de l'assemblée en proie à une vive colère. A chaque chef de famille, il demandait :

— Toi, aurais-tu déjà vu le Père Noël ?...

Et comme personne ne répondait, il enchaîna :

— Bon ! Eh bien, puisque personne n'a plus rien à dire, vous allez tous rentrer chez vous bien vite. Et que je n'entende plus jamais de telles stupidités !

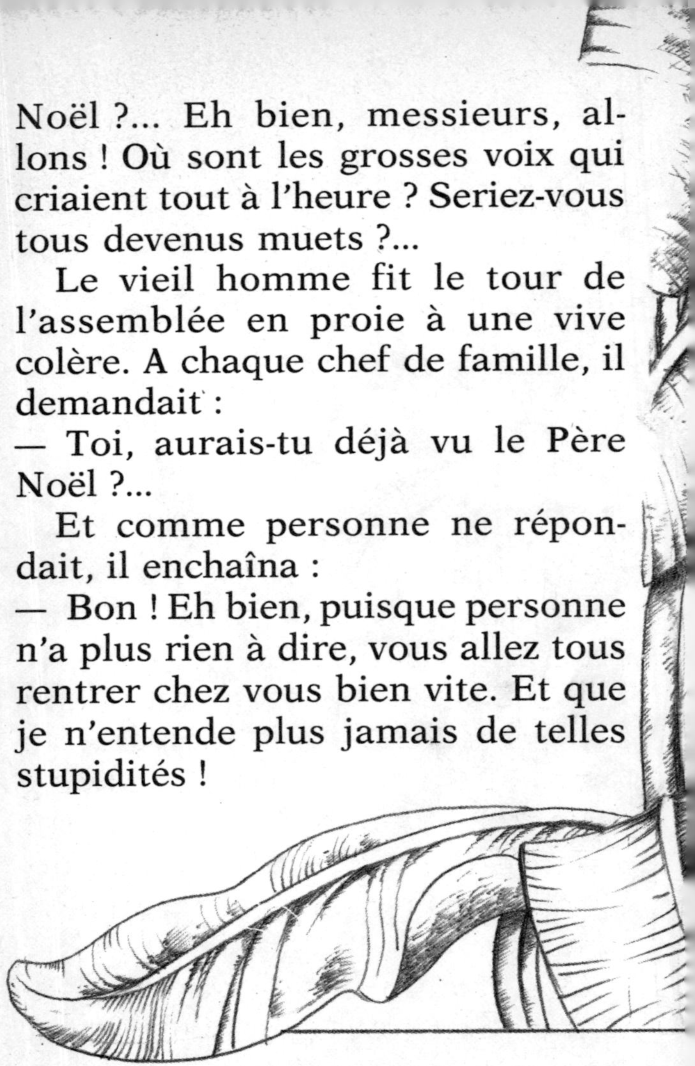

Chapitre 13

Pattenbois était un homme respecté, aussi chacun rentra-t-il chez soi sans plus discuter.

Mais, dans les trois jours qui suivirent, toute vie humaine cessa dans l'île : la boutique de Cane-Sing resta fermée et les gens ne sortirent point. N'importe quel étranger débarqué sur l'île aurait cru à un pays fantôme.

Matin, midi et soir, c'était Pattenbois lui-même qui allait sonner l'angélus à la cloche de la chapelle. Il ne rencontrait personne sur son chemin.

Le quatrième jour, les enfants, qui se sentaient un peu responsables de cette situation, essayèrent de montrer l'exemple et sortirent un moment pour jouer. Mais le cœur n'y était pas et ils rentrèrent bien vite chez eux.

Le 24 décembre, la situation était devenue véritablement intenable pour le pauvre Pattenbois. Il essayait de trouver un peu de réconfort dans quelques rasades de rhum, mais l'effet était contraire et il s'enfonçait toujours un peu plus dans le désespoir.

En fin d'après-midi, Aldebert vint le voir. Il voulut s'excuser pour cette malencontreuse histoire de Père Noël. Mais le vieil homme tint à le rassurer.

— Mon pauvre Aldebert, que peux-tu te reprocher ? C'est la bêtise des hommes qui est en cause, pas ton Père Noël.

— Pattenbois, dit Aldebert, il faut que tu leur parles : tu les connais bien, ils sont trop fiers pour faire le premier pas. Il n'y a que toi qui puisses rattraper la situation.

Pattenbois serra les poings, les

paroles du jeune garçon lui avaient mis du baume au cœur.

— Effectivement, dit-il, tu as parfaitement raison, je suis là en train de me morfondre et de me laisser aller au découragement, alors que mon rôle est d'être auprès d'eux. Décidément, je crois que je vieillis, mon garçon, et que je vieillis mal !... Va vite sonner le tocsin, rassemblement, tout le monde devant chez moi le plus rapidement possible ! Crénom de nom, à l'abordage, fiston !

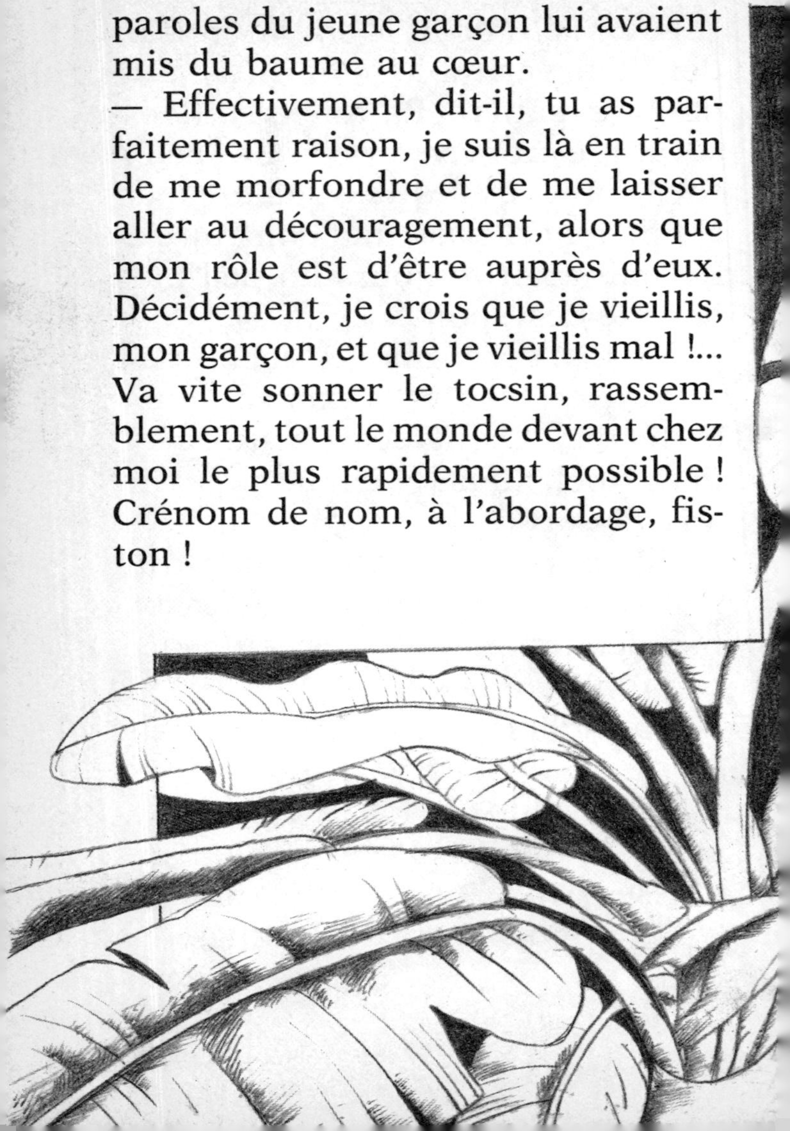

Chapitre 14

Dix minutes à peine après que le tocsin eut sonné, tout le monde se retrouvait assemblé devant chez Pattenbois. Celui-ci fit un clin d'œil à Aldebert et prit la parole.

— Bonjour, tout le monde ! Comme vous le voyez, et contrairement à mon habitude, je n'ai pas préparé de discours. Ce soir, je vais laisser parler mon cœur. Et je voudrais aussi que vous m'écoutiez avec le cœur... Nous avions réussi à faire de notre île un véritable petit paradis. Tous les voyageurs qui sont passés ici ont reconnu qu'il n'y avait pas d'autre île au monde qui méritât mieux son nom : l'Ile merveilleuse. Eh bien, aujourd'hui, regardez ce que nous avons fait de

notre paradis : un enfer invivable ! Et tout ceci à cause de quoi ? A cause de notre stupide fierté ! Avons-nous bâti ces habitations et ces jardins pour y vivre comme des ennemis ? Mes amis, mes chers amis, les quatre jours que nous venons de passer sont-ils pour vous l'image du bonheur que vous êtes venus chercher ici ?... J'attends votre réponse...

Il y eut un long silence. Les hommes, la tête basse, se balançaient d'un pied sur l'autre, conscients du ridicule de leur situa-

tion. Les femmes retenaient difficilement des sanglots pressants...

Et tout d'un coup, sans qu'aucun signal en fût véritablement donné, hommes et femmes, femmes et enfants se jetèrent dans les bras les uns des autres. On s'excusa beaucoup, on pleura énormément, les larmes retenues depuis plusieurs

jours coulèrent et, en quelques secondes, tout le monde fut réconcilié. Pattenbois, qui n'en attendait pas tant, ne put retenir sa joie et, d'une voix pleine d'émotion, il s'écria :

— A la bonne heure ! Écoutez-moi, écoutez-moi tous, j'ai une nouvelle extraordinaire à vous annoncer. Ne me demandez ni pourquoi ni comment j'ai appris cela, mais je peux vous annoncer que, pour la première fois à l'Ile merveilleuse, le Père Noël — oui ! j'ai bien dit le

Père Noël — passera cette nuit pour tout le monde. Je demande donc à chacun de bien vouloir déposer dès ce soir une paire de souliers marquée à son nom sous le grand flamboyant de la plage. Cela pour permettre au Père Noël de vous offrir à chacun un cadeau. Dépêchez-vous et rentrez chez vous. Demain, ce sera la fête et la journée sera longue. A demain, mes amis, et joyeux Noël à tous !

Chapitre 15

Ainsi que l'avait demandé Pattenbois, chacun se dépêcha d'apporter sous le grand flamboyant une paire de souliers marquée à son nom, mais, au lieu de rentrer chez soi, tout le monde resta là, caché dans les fourrés alentour. Dame ! On était tous parfaitement réconciliés, mais cela n'empêchait pas d'essayer de savoir la vérité sur la couleur du Père Noël. Les paris allaient d'ailleurs bon train, sans qu'aucune couleur prît l'avantage sur les autres. Le suspense était total.

Les enfants s'étaient regroupés à l'écart des adultes et, l'heure passant, ils commençaient à avoir sommeil.

— Bientôt minuit, dit Oualid, peut-être a-t-il été retardé ?

— Hé, les gars, lança soudain Aldebert, il faut que je vous dise...

— Quoi ? dit Chang.

— Le Père Noël ne viendra pas.

— Quoi ? Que dis-tu ? Le Père Noël

ne viendra pas ? Pourquoi dis-tu ça ?

— Je vais vous faire de la peine, mais je ne peux plus vous mentir, dit Aldebert. Il faut que vous sachiez que le Père Noël n'existe pas. C'est une invention pour les petits enfants.

— Mais alors... mais alors, dit Oualid, les larmes aux yeux, et Pattenbois, il a bien dit que le Père Noël viendrait, Pattenbois...

— Je ne comprends pas pourquoi il a dit ça, Oualid, mais il était tellement content que tout le monde soit réconcilié qu'il ne savait plus trop ce qu'il disait.

— Taisez-vous, les enfants, dit une grosse voix d'homme à côté d'eux, le voilà !

Les enfants levèrent la tête tous ensemble vers l'océan et, au milieu du lagon, ils virent distinctement

une barque qui s'approchait. En écoutant bien, on pouvait même discerner le clapotis des rames sur la surface de l'eau.

— Alors, Aldebert, dit Oualid avec un sourire jusqu'aux oreilles, le Père Noël n'existe pas ? Ah ! tu m'as bien eu ! Tu sais que j'ai failli te croire, tout à l'heure !

— C'est pas vrai, dit Aldebert, c'est pas possible, je rêve...

— Mais non, tu ne rêves pas, dit Amina, c'est lui, c'est le Père Noël !

La barque était maintenant presque sur la plage, et cinquante-six poitrines s'arrêtèrent de respirer quand l'homme qui était dans la barque mit pied à terre.

— Le grand manteau rouge, la barbe blanche, la hotte remplie de jouets, plus de doute, dit Oualid, c'est bien le Père Noël !

Le sac était tellement lourd et volumineux que le Père Noël, puisque c'était bien lui, mit un temps infini à parcourir la distance qui le séparait du grand flamboyant. Puis il commença la distribution. Il resta constamment penché en avant, si bien qu'à aucun moment

on ne vit son visage. Les parieurs commençaient à s'inquiéter : le Père Noël allait-il repartir sans dévoiler le secret de la couleur de sa peau ?...

Comme s'il avait senti l'inquiétude des habitants cachés dans les fourrés, le Père Noël déposa le dernier cadeau dans la dernière paire de chaussures, puis lentement, très lentement, il leva la tête vers la lumière blafarde de la lune.

— Hoooooooooooo !...

Ce ne fut qu'un seul cri dans l'assistance.

Le Père Noël n'était ni blanc, ni jaune, ni noir, ni même « café au lait » ! C'était incroyable, mais vrai ! Le Père Noël avait la peau BLEUE !

Oui, oui, vous avez bien lu : le Père Noël avait la peau d'un bleu parfait !

Ce n'est pas tout. La plus grosse

surprise, celle qui acheva de stupéfier Aldebert, qui n'en croyait pas ses yeux, ce fut au moment où le Père Noël remonta dans sa barque. Tout le monde put voir cette chose étonnante que même les parents ne savaient pas :

LE PÈRE NOËL AVAIT
UNE JAMBE DE BOIS !...

Avant de te quitter,
et en guise de conclusion :

Comme tu as pu le voir, cette histoire révèle à la fin un surprenant secret. Ce secret, je te demande, si possible, de le garder pour toi. Et si un jour, par hasard, tu croises quelqu'un sur ta route qui affirme en criant très fort que le Père Noël est blanc, ou noir, ou jaune, contente-toi de sourire et passe ton chemin. Il est des choses qu'il ne sert à rien de vouloir expliquer. Surtout à ceux qui ne veulent pas entendre.

Allez, salut ! et... à bientôt !

Table des matières

Chapitre 1 7
Chapitre 2 19
Chapitre 3 29
Chapitre 4 35
Chapitre 5 43
Chapitre 6 49
Chapitre 7 57
Chapitre 8 63
Chapitre 9 69
Chapitre 10 77
Chapitre 11 85
Chapitre 12 91
Chapitre 13 101
Chapitre 14 107
Chapitre 15 113

l'Atelier du Père Castor présente

la collection Castor Poche

La collection Castor Poche vous propose :

- des textes écrits avec passion par des auteurs du monde entier, par des écrivains qui aiment la vie, qui défendent et respectent les différences;
- des textes où la complicité et la connivence entre l'auteur et vous se nouent et se développent au fil des pages;
- des récits qui vous concernent parce qu'ils mettent en scène des enfants et des adultes dans leurs rapports avec le monde qui les entoure;
- des histoires sincères où, comme dans la réalité, les moments dramatiques côtoient les moments de joie;
- une variété de ton et de style où l'humour, la gravité, la fantaisie, l'émotion, la poésie se passent le relais;
- des illustrations soignées, dessinées par des artistes d'aujourd'hui;
- des livres qui touchent les lecteurs à différents âges et aussi les adultes.

Un texte au dos de chaque couverture vous présente les héros, leur âge, les thèmes abordés dans le récit. Vous pourrez ainsi choisir votre livre selon vos interrogations et vos curiosités du moment.

Au début de chaque ouvrage, l'auteur, le traducteur, l'illustrateur sont présentés. Ils vous invitent à communiquer, à correspondre avec eux.

CASTOR POCHE
Atelier du Père Castor
7, rue Corneille
75006 PARIS

217 **Saute-Caruche (senior)**
par Anne Pierjean

Du jour au lendemain, Romain Bréton, le sans famille que tous appellent Saute-Caruche, se trouve nanti d'ancêtres. En remuant le passé, la vieille Delphine se souvient : n'a-t-il pas dansé, autrefois, d'un peu trop près avec Toinette ? En tout cas, à la ferme des Quatre-Peupliers, il y a une Marion de 15 ans qui lui ressemble...

218 **La frontière interdite (senior)**
par Werner J. Egli

Diego vit à Santa Valera, un village mexicain niché dans les montagnes. Comme tous les habitants, Antonio Flores, son père, s'est endetté et ne peut rembourser. Il ne voit pas d'autre solution que d'abandonner sa terre et d'emmener les siens chercher du travail aux États-Unis. Un passeur leur fait franchir clandestinement la frontière. Mais les voilà déposés en plein désert...

219 **Le dernier des vampires**
par Willis Hall

La famille Hollins traverse la Manche pour la première fois. Quinze jours de vacances sur le continent, c'est l'aventure, surtout lorsqu'on ne sait pas lire une carte ! Un soir, Albert, Euphemia et leur fils Edgar plantent leur tente au pied d'un château biscornu. D'une tourelle s'échappe une étrange musique. Des yeux luisent dans la nuit...

220 **Le nouveau**
par Ingrid Kötter

"Je m'appelle Thomas Bott, j'ai neuf ans, et dans le quartier de Berlin où nous venons d'emménager, on m'appelle le Nouveau. Nous n'avions aucune envie de déménager, mais Papa au chômage, la décision a été vite prise. Ici, personne ne se parle, alors pour faire connaissance avec les voisins, nous avons sonné à toutes les portes. Et cela nous a réservé quelques surprises...

221 **Le propriétaire de cathédrale (senior)**
par Roger Judenne

Le professeur Jean-Baptiste Dieu prend possession de la cathédrale de Chartres, achetée par l'un de ses ancêtres comme bien national en 1789. Depuis ce jour, les portes restent closes, toutes les tentatives pour y pénétrer tournent mal. Jean-Baptiste Dieu reste invisible... Seul un chat noir au regard inquiétant rôde sur le toit de l'édifice. Bientôt on parle de diableries...

222 **Les dépanneurs invisibles**
par Edouard Ouspenski

Dès la livraison du nouveau réfrigérateur, Frigori part à la rencontre de ses collègues, les dépanneurs invisibles. Chacun a installé dans un coin de son appareil ménager un petit domaine à lui. Ils ont leur propre système de communication pour la commande des pièces détachées... Tout fonctionne à merveille jusqu'au jour où les petits hommes garantie doivent affronter une armée de souris...

223 **Quatorze jours sur un banc de glace**
par Miek Dorrestein

En Hollande, le 13 janvier 1849, Klaas Bording et ses deux fils partent pêcher dans le Zuiderzee gelé. La pêche est si miraculeuse que les trois hommes décident de continuer malgré la nuit. Mais au petit matin, le dégel a commencé, la glace dérive ! Durant quatorze jours les trois pêcheurs vont errer sur la glace...

224 **Marika**
par Anne Pierjean

Dans une école de montagne, Marianne Arly accueille une nouvelle parmi ses élèves. Mais Marika est différente des autres, avec son regard de renard pris au piège et elle se montre agressive. D'où vient-elle ? se demande Chris, pourtant prêt à lui offrir son amitié. Avec l'aide de Marianne, il tente d'apprivoiser la "sauvageonnne"...

Cet
ouvrage,
le cent-soixante-
cinquième
de la collection
CASTOR POCHE,
a été achevé d'imprimer
sur les presses de l'imprimerie
Brodard et Taupin
à La Flèche
en juillet
1988

Dépôt légal : Septembre 1986.
N° d'Edition : 15798. Imprimé en France
ISBN : 2-08-161888-5
ISSN : 0248-0492